DIESES BUCH GEHÖRT:

www.ingramcontent.com/pod-product-compliance
Lightning Source LLC
Chambersburg PA
CBHW021837170526
45157CB00007B/2823
* 9 7 8 1 0 7 4 7 9 3 7 9 1 *